Zhongguo Wenhua
Zhishi Duben

中国·文化知识读本

西安半坡遗址

主编 金开诚

编著 于丹

吉林出版集团有限责任公司

吉林文史出版社

图书在版编目（CIP）数据

西安半坡遗址 / 于丹编著. —— 长春 ：
吉林出版集团有限责任公司 ：吉林文史出版社，2009.12 （2023.4重印）
（中国文化知识读本）
ISBN 978-7-5463-1582-9

Ⅰ. ①西… Ⅱ. ①于… Ⅲ. ①半坡（考古地名）-文
化遗址-简介 Ⅳ. ①K878

中国版本图书馆CIP数据核字(2009)第236858号

西安半坡遗址

XIAN BANPO YIZHI

主编/ 金开诚 编著/于 丹
项目负责/崔博华 责任编辑/曹 恒 崔博华
责任校对/梁丹丹 装帧设计/曹 恒
出版发行/吉林出版集团有限责任公司 吉林文史出版社
地址/长春市福祉大路5788号 邮编/130000
印刷/天津市天玺印务有限公司
版次/2009年12月第1版 印次/2023年4月第3次印刷
开本/660mm×915mm 1/16
印张/8 字数/30千
书号/ISBN 978-7-5463-1582-9
定价/34.80元

前　言

　　文化是一种社会现象，是人类物质文明和精神文明有机融合的产物；同时又是一种历史现象，是社会的历史沉积。当今世界，随着经济全球化进程的加快，人们也越来越重视本民族的文化。我们只有加强对本民族文化的继承和创新，才能更好地弘扬民族精神，增强民族凝聚力。历史经验告诉我们，任何一个民族要想屹立于世界民族之林，必须具有自尊、自信、自强的民族意识。文化是维系一个民族生存和发展的强大动力。一个民族的存在依赖文化，文化的解体就是一个民族的消亡。

　　随着我国综合国力的日益强大，广大民众对重塑民族自尊心和自豪感的愿望日益迫切。作为民族大家庭中的一员，将源远流长、博大精深的中国文化继承并传播给广大群众，特别是青年一代，是我们出版人义不容辞的责任。

　　本套丛书是由吉林文史出版社和吉林出版集团有限责任公司组织国内知名专家学者编写的一套旨在传播中华五千年优秀传统文化，提高全民文化修养的大型知识读本。该书在深入挖掘和整理中华优秀传统文化成果的同时，结合社会发展，注入了时代精神。书中优美生动的文字、简明通俗的语言、图文并茂的形式，把中国文化中的物态文化、制度文化、行为文化、精神文化等知识要点全面展示给读者。点点滴滴的文化知识仿佛颗颗繁星，组成了灿烂辉煌的中国文化的天穹。

　　希望本书能为弘扬中华五千年优秀传统文化、增强各民族团结、构建社会主义和谐社会尽一份绵薄之力，也坚信我们的中华民族一定能够早日实现伟大复兴！

目录

一、仰韶文化

距今约 5000—7000 年，在黄河中游地区居住着勤劳的仰韶居民，他们在肥沃的黄土地上从事农耕、渔猎、驯养等生产和生活活动，逐步形成了母系氏族公社的繁荣阶段，创造了辉煌的史前文化，后人称为仰韶文化。而西安半坡遗址就是黄河流域规模最大、保存最完整的新石器时代仰韶文化母系氏族聚落遗址。

（一）仰韶文化遗址的调查

仰韶文化的发现和发掘与瑞典人安特生（1874—1960 年）有着密不可分的关系。1918年，安特生在仰韶村从事采集动物化石的工作。1920 年，安特生派助手刘长山到仰韶村采集动物化石。在采集过程中，他看到农民家里有许

西安半坡遗址

西安半坡遗址

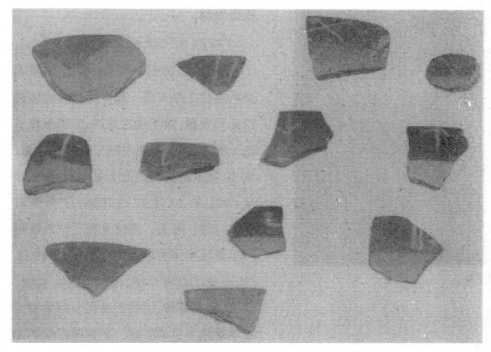

考古专家挖掘出一些陶片，确信这
是一处新石器时代遗址

多史前石器，就收集起来，同时又调查了石器出土的地点，并将600多件石器带回了地质调查所。安特生看到这些石器，认定这里可能是一处相当大的新石器时代遗址。1921年4月18日，安特生亲自调查仰韶村，目的在于调查这里是否真有新石器时代遗址的存在。在调查的过程中，他在村南的冲沟断面上发现有灰层、灰坑和陶片的堆积，在下层还发现了一些精美的石器和彩陶片，这些更使他确信这是一处内涵丰富的新石器时代遗址，值得发掘。

灰陶

（二）仰韶文化遗址的发掘

1921 年 10 月，安特生带领地质调查所五位工作人员一起对仰韶村遗址进行正式发掘。对于这次发掘，安特生作了充分的准备，另外还得到了政府在人力、物力、技术等方面的大力支援。发掘工作从 1921 年 10 月 27 日开始，12 月 1 日结束，历时 36 天。当时发掘工作所使用的工具是由中美中亚考察团从美国带来的，主要工具有手铲、毛刷、铁镐、铁钩、皮尺、卷尺等等，这些工具在当时考古发掘中是最先进的工具，直到现在我们还沿用着这些传统工具。安特生和他的同事们主要对暴露灰层及遗物较多的东西沟和路沟断崖处布置发掘点进行发掘，沿着这些沟发掘了十七个地点，收获了一批石器、骨器和大量的陶器，其中还有一些彩陶及完整器物。这些珍贵的文物充分反映了当时人们的生产劳动、生活状况和文化背景。这一发现在中国考古学上是个创始，影响极为深远。仰韶文化的发现，证明了中国蕴藏着丰富的新石器时代文化遗存，标志着中国史前考古学及中国近代考古学的诞生，为中国历史研究带来了许多崭新的信息，具有划时代的重大意义。

（三）仰韶文化与西安半坡遗址

　　考古工作者经过多年不懈的努力，对仰韶文化有了基本的认识：仰韶文化距今年代约5000—7000年，其延续时间约2000多年。其分布区域为：西起甘青交界，南达汉水流域，东到河南东部，北抵河北、山西北部，中心区域大致在陕西中部、山西南部、河南大部和河北南部。现已正式发掘或试掘的遗址有200多处。其中已发掘出的西安半坡遗址是黄河流域一处母系氏族聚落遗址，它属于典型的新石器时代仰韶文化，具备仰韶文化的四个比较重要的文化类型，即半坡类型、庙底沟类型、后岗类型、大河村类型。西安半坡的仰韶文化是相

西安半坡遗址属于典型的新石器时代的仰韶文化遗址

陶器上的简单符号

当复杂的，有的属半坡类型，有的属庙底沟类型，有的甚至应当划分为后岗类型和大河村类型。由此可见，仰韶文化已经融入半坡氏族社会之中。

二、西安半坡遗址的发现和发掘

（一）半坡遗址的发现

　　1953年春，西安东郊即将建成中国西部地区一个较大型的轻纺基地，为了解决电力能源的问题，政府决定在半坡村北1公里的地方修建灞桥热电厂。随着工程的进行，奇怪的事情不断发生，大量人工磨制的石器先后出土，还有少量的陶器被发现。这些事件引起了施工方的高度重视，马上把情况向上级做了汇报。

　　西安市文物主管部门了解情况后，立即派西北局文化部文化处的茹士安去电厂工地考察，他同吴怡如、郑郁文考察了电厂工地，在工地与半坡村之间的浐河东岸台地剖面上，发

人工打磨的石器

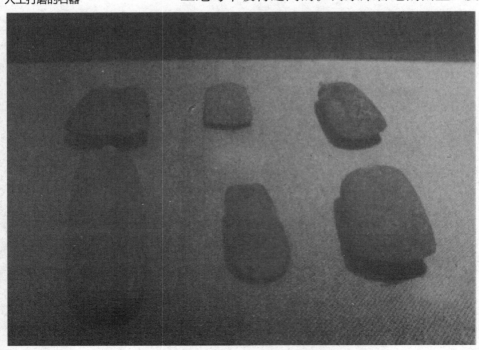

现了灰土层和红烧土、灶坑、灰坑等遗迹，其中还有石铲、石斧、石锄、砍伐器等工具和陶器。初步判断，这些工具应属于新石器时代的遗存。而陶器都是彩陶，与在陕西、河南等地发现的仰韶文化类型陶器上的图案非常相似，初步认定此处应该是新石器时代仰韶文化遗址，具有重大的发掘价值。

仰韶文化彩陶

（二）半坡遗址的发掘

1953年秋季，中科院考古研究所派石兴邦先生对浐、灞两河下游进行研究，确定这是一处规模较大的仰韶文化遗址。1954年，中国科学院考古研究所决定对半坡遗址进行考古挖掘，并由石兴邦先生主持。该遗址面积50000平方米，1954—1957年，中国科学院考古研究所组织近200名考古工作者先后进行了5次规模较大的科学发掘，发掘面积达10000平方米，获得了大量珍贵的科学资料。共发现房屋遗址45座、圈栏2处、窖穴200多处、陶窑6座、各类墓葬250座（其中成人墓葬174座、幼儿瓮棺73座）以及生产工具和生活用具约近万件文物。半坡遗址中的房屋、地窖、灶坑、男女分葬的集体墓地、各种生产及生活用品等遗迹遗物。这为人们更好地认识史前居民的社会组织、生产生活、经济形态、婚姻状况、风俗习惯、文化艺术等提供了真实的物证，为弘扬中华远古文化起到了重要作用。

据考证，西安半坡遗址约在公元前 4800 年至公元前 3600 年，距今约 6700 年至 5600 年。它分为居住、制陶、墓葬三个区域，其中居住区是村落的主体。半坡遗址的发现是我国史前考古中第一次大面积揭露史前聚落遗址，开创了我国聚落考古学、环境考古学研究的新领域，

遗址分为居住、制陶、墓葬三个区，居住区是村落的主体

西安半坡遗址

西安半坡遗址

灰陶

西安半坡遗址的发现和发掘

西安半坡遗址

角落里的石刻

西安半坡遗址一景

西安半坡遗址出土的陶器

开创了中国史前考古学研究的新局面，对研究中国原始社会历史有着重要的科学价值。

　　西安半坡遗址的发现和发掘，为现代人们开启了一扇窗，透过这扇窗，人们依稀可见6000多年前的母系氏族社会，她仿佛在沉睡的原始村落中慢慢苏醒。

三、西安半坡遗址的特点

（一）生态环境

原始半坡村庄北面是一片凸地，这片凸地面临浐河，南依白鹿原，再向南横亘着雄伟的秦岭山脉。这种生态环境很适合人类生存，是半坡人狩猎、捕鱼、农耕、采集及居住的好地方。

这片凸地面临着流淌着清澈河水的浐河，这样，半坡人就有了丰富的水源，保证了人类、牲畜、农耕的用水问题。这是人类生存和发展的基本条件，同时也是捕鱼的好去处；在白鹿原和秦岭山脉上生长着茂密的

浐河鹭舞

白鹿原风光

炭化植物化石

树木，此地土地肥沃、鸟语花香，为半坡人农耕、采集、狩猎提供了得天独厚的优越条件；另外，这片凸地背坡面水、避风朝阳，很适合人类定居；而且水陆交通十分便利。

据考察，在半坡遗址的土壤中发现了已经炭化的孢粉颗粒，这是铁杉的花粉，铁杉属于高大针叶树，主要分布在亚热带地区；在半坡遗址出土的兽骨中，有大量竹鼠、河鹿和斑鹿的骨骼，这些都是亚热带动物种属；在半坡出土的文物中，有大量的鱼类遗骨、鱼具和有鱼纹、网纹的陶器，

鱼纹彩陶盆

说明当时鱼和半坡人的生活有着密切的关系；竺可桢教授在《中国近五千年来气候变迁的初步研究》这篇著名论文中曾经提到："依据半坡遗址以及安阳殷墟中的出土文物，推测在近5000年中的最初2000年大部分时间年平均气温高于现在2摄氏度左右，属于'仰韶温暖期'。"由此证明，半坡人当时生活在亚热带地区，那里沃野平川、山川河流、林草茂盛、气候温暖湿润，是一个适宜人类长期生存和发展的自然环境。半坡人选择了这片土地，并在这里生存、繁衍。他们以自己的勤劳、勇敢和智慧谱写了中国光辉灿烂的

考古证明半坡氏族部落为母系氏族社会

史前文化。

（二）社会组织

从半坡氏族遗址中我们可以推测出，半坡氏族部落是处在新石器时代母系氏族公社的繁荣时期。当时，半坡人以原始农业为基础，妇女在经济上起到了主要的作用。在这种经济条件下，人与人的关系是以走访婚或对偶婚的形式联系起来的，这种家庭是这一时期社会的基本构成单位。这样由几个家庭构成了以血缘为中心的共产制的家庭经济单位，共同经营氏族生活。

氏族部落生活

由于当时的农业生产劳动由妇女担任，她们在经济上起着主要的作用，所以在社会上受到广泛的尊敬。氏族的首领是由妇女或者老人来担当，并且在民主的氛围中来主持。凡氏族中的重大事情，都是通过氏族民主的形式得到解决。

通过对半坡遗址的调查推知，半坡聚落内每组房屋中心的大方形房屋大概就是氏族全体集会的场所。氏族成员在这里举行各种公共活动，如集会、祭祀、庆典等。氏族定期给氏族成员分配所需粮食，单个家庭没有独立的自营经济。家族所需的粮食一部分是从氏族分来的，一部分可能是家族自己生产的，每个氏族都有饲养牲畜的圈栏和各自的墓葬区。

在这样发达的母系氏族社会中，我们推测，不仅有了自然分工，还已经有了社会分工的萌芽。因为在这里，每一种劳动不可能由全体氏族成员共同参与，因为那样对整个社会财富的增值不是完全有利的。处于萌芽阶段的社会分工和最初的自然分工是紧密联系的。当时的农业生产和采集工作主要是以妇女为中心，她们主要负责播种、收获及田间管理工作；而打猎、伐树、农耕等重体力劳动则由男人来担当；捕鱼的活动，男女老

带有仰韶文化特征的陶器

幼都可参加；有关一般的工具制造，氏族全体成员均可参加，而特殊和精致的工具则由专人负责制造。

半坡遗址只发掘了一小部分，其余大部分还没有被发掘出来，所以有关半坡遗址是一个氏族的居住地，还是几个氏族的共同居住地的问题，还有待探讨。根据多年的考证，学者们更偏重于后者。在原始社会中，人类社会组织的形成最初是以自然地区为范围进行划分的。西安半坡人应该是以河流作为分界线来划分一个部落或者几个部落。有学者认为："当时的社会组织是由几个家族组成一个氏族，几个氏族组成一个胞族，几个胞族组成一个部落。浐河流域 20 多个遗址，其中同一时代的，可能组成一个部落的各个氏族居住地，或者数个部落或者部落联盟的分居地。"

在发掘半坡遗址时还发现了一些非半坡地区的遗物，有些物品必须在百里以外的其他地区才能获得，这说明在当时半坡居民与各部落之间已经有了交换关系。据有关资料表明："在仰韶文化时期，黄河中下游地区已经形成了一个范围相当广大的文化领域。在整个文化领域之中，在那

西安半坡遗址出土的文物

西安半坡遗址一景

时的历史条件下，可能已经形成了更大范围的地域性的社会组织，如部落的扩大或部落联盟的萌芽等，但基本的物质文化内涵还是一致的。所以各个小的地区和每个氏族聚落不是孤立的一个文化孤岛，而是互相联系的人们的文化共同体。各部落之间或各部族之间，可能有其一定的辖地，但他们之间的交往是很频繁的。"

（三）婚姻形态

半坡聚落是一个以母权为中心的原始氏族公社。由于生产的需要，男人和女人在生产过程中有了比较明确的社会分工，从而建立了新的生产

半坡人以母系氏族社会方式生活

西安半坡博物馆正门

西安半坡遗址发掘现场

关系。在母系氏族社会阶段有"儿女只知其母，不知其父"的现象。如果在现代，这种现象是无法理解的，但是在原始社会中却是普遍存在的，这和当时社会的婚姻形态有着很大的关系。由于半坡聚落至今太久远了，我们只能通过半坡遗址的居住环境和他们的墓葬和埋葬习惯去推测他们的婚姻形态。

半坡遗址已经发掘出来3000平方米的居住区，同期并存的房屋有20余座，两条东西向的小壕沟把这些房屋分为南北两个部分。这两个部分很可能是两个氏族。两组房屋中都有大、中、小型的房屋，这些小型的房屋就是为半坡人进行婚姻生活而建造的。半坡人的婚配方式有对偶婚和个别走访婚两种方式，这两种婚配方式在当时同时盛行。半坡女子在自己的小型房屋内接待外氏族的对偶男子，屋内有各种生活用具，满足了对偶家庭的生活需要。而半坡男子则与外氏族的女子进行对偶婚或个别走访婚。这种婚姻方式是短暂的，本氏族的女子固定在自己的氏族中，而丈夫随妻子在一定的时期内共同生活。由于这种婚姻形式的不稳定性，因而本氏族便会以女子为中心形成共产制的家庭经济单位来共同经营氏族生活。子女

瓮棺群

石斧

的照顾和培养都由母亲来承担，所以这也是妇女在社会上受到尊重的一个重要原因。

从半坡氏族的墓葬和埋葬习俗也能看出当时的婚姻状况。半坡遗址中发现的墓葬中，有两座是合葬墓，其余的都是单人葬。这两座合葬墓也都是男女分别合葬的。一座是四个少女的合葬墓，一座是两个男子的合葬墓。按照母系氏族的习惯，女子是氏族的主体，死后要埋在本氏族中，而男子死后仍归葬于出生的氏族，同一氏族的男女不能通婚，只能男女分区埋葬或者单葬。这是母系氏族实行族外群婚和禁止氏族内通婚的反映，形象地说明了当时的

出土的新石器时期文物

婚姻关系。

　　半坡人的婚姻形式是从走访婚逐步过渡到对偶婚的。在当时一个女子可以接纳几个男子，一个男子也可以和多个女子过夫妻生活，这种走访婚极不稳定。后来由于某个男子和固定的女子产生了感情，这种关系就逐渐稳定下来，走访婚就发展成为对偶婚，这是社会进步的一种表现。随着时间的推移，这种对偶婚越来越普遍和固定，最后夫妻关系、父子关系明确下来，人类就逐渐产生了家庭观念的萌芽，最后的婚姻形式就发展成为如今科学的一夫一妻制。

（四）居住区和建筑遗迹

半坡居民选择了这片肥沃的土地进行生活和繁衍，在这里他们过着永久性定居的生活。他们建造自己的房屋和开辟生活园地，这是人类征服自然的一个伟大创举。

半坡聚落遗址所占面积约50000平方米左右，而居住区中的房屋和经济建筑，形成了一群密集的建筑群，约占30000平方米。居住区位于聚落的中心，发掘出来的北边居住区虽然只有总面积的五分之一，但是已经可以了解这个居住区的大体情况了。首先看到的是围绕着居住区的一条全长约300米，

半坡聚落遗址所占面积约为5万平方米

房屋展示

深宽各约 5—6 米的大围沟。当遇到野兽袭击或外族侵略时，它就成了第一道防护的屏障，这里堪称后世城壕的先驱。另外，围沟还可以排放雨水，这也是一种有效的防卫设施，在自然灾害面前起到积极的作用。

居住区内所建造的房屋非常有特点。居住区中央有一座 160 平方米的方形大房子，门是向东开的，其结构和建筑与半地穴式的房屋相同。据考证可能是氏族公共活动的场所，也可供老人、妇女、儿童及残疾成员居住，或者作为酋长接待外族客人的地方。在建筑方面，它是公社最重要的建筑物。可以想象，当时的半坡人就是在这里

举行大型的集会、讨论、祭奠等各种公共活动。

遗址挖掘出许多这样相邻的小房子

在大房子的四周发掘出了46座小房子，这些小房子是供氏族成员个人居住的地方，虽然这些房子现在已经倒塌了，但是从倒塌下来的墙、屋顶和屋基遗迹中还是能够看到房屋的建筑形式。每一座房屋都有其各自的特点，但基本特征是相同的：房屋的门都是向南开着，对着中央那座方形大房子；一进门两边是很低的隔墙；房子中间是一个烧火的灶坑；主要的建筑材料是草泥土和木料。这些房屋的基址往往是几个叠压在一起，这说明当房屋损坏时，即就原基础稍加平整后另建新的房屋，从这里

西安半坡遗址的特点

西安半坡遗址房屋建筑

我们就可以了解此房居住时间的长短和前后变化情况，这也是半坡遗址房屋建筑的特点之一。可以根据这一特点将房屋分成早、晚两个时期，但不论早期还是晚期的房屋，都有方形和圆形两种形式，在结构上又可分为半穴居和地面建筑两种形式特征。

圆形房屋共发掘出 31 座，从结构上可分为半穴居和地面建筑两种形式，房屋的外形有点类似蒙古族的"蒙古包"。这两种圆形房屋的共同特点是：平面近似圆形或椭圆形。屋门向南开，门口有门限。房屋中央是一个灶坑，灶坑正对着门口。门口和灶坑之间有一条门道，门道两侧各有一道南北向的隔墙。墙壁中竖立着好多根支持屋顶的木柱。房屋的墙面和屋顶都是用草泥土筑成，内壁光滑，外壁较粗糙。不同点在于，半穴居的房屋屋顶是圆形或者是椭圆形的平顶；在地面上建筑起来的房子，屋顶是尖椎形的。

方形房屋共发掘出 15 座，从结构上也可分为半穴居和地面建筑两种形式。其中大多数都是半穴居，有方形和长方形两种形式。这种半穴居的房屋比圆形房屋要原始，房屋结构比较简单。建造时在地上挖坑，四角作圆弧状，用坑壁作墙壁，中间挖小坑作灶坑，

半坡人的生活聚居区遗址

西安半坡遗址的特点

半坡村落的北部是埋葬成人的墓葬区

旁边用两根到四根柱子支撑房屋，在墙壁和屋顶涂上草泥土。门朝南开，门口有一条狭长的斜坡状或台阶状的门道，有的还有门限。为了使房屋隐蔽安全，在走道上还用棚架掩盖。晚期建筑这种房子时，西边高出东边约10厘米的土台，面积约占全屋的五分之二，是人们睡觉的地方，叫"土床"。这种房子总体看来像个方锥体，房屋面积平均约20平方米，小的约10平方米，大一些的还有30平方米，甚至还有100多平方米的，

红陶

陶器

是比较原始的半坡人代表性住宅。

方形房屋的另一种形式是从平地上建筑起来的，构造要复杂些。这种房屋四周和墙壁共有 12 根木柱组成（东西三行，南北三行，互相平行，排列整齐），四周木柱子之间用木板连接，再在木板上抹上草泥土作墙壁。房屋的屋基是用一层灰土、一层木板，再抹上一层草泥土一层层铺砌起来的，最后再用火烧，这样做出的地面坚硬、结实、精细。根据木桩的分布情况，可以推断这种房是"人"字顶两檐式的平房。虽然只发现了为数不多的几座，但是

半坡房屋复原图

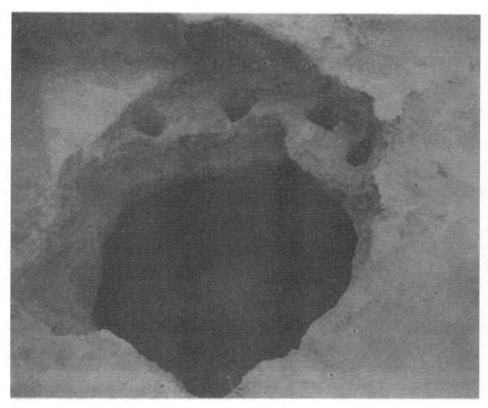

窖穴用于储藏物品

这已经说明了这种方形房屋的先进性。

在半坡遗址中还发现了 200 多个窖穴，这种窖穴，是半坡人用来储藏生产工具、生活用品和食物的，多出现在居住区内和房屋交错在一起。早期的窖穴比较小，形状各异；晚期的窖穴比较大，形状比较固定，一般多为口小底大的圆形袋状窖穴。这表明时期越晚，生产越发达，可供储藏的东西越多，窖穴就越大，发展越趋于稳定。

另外，居住区两边和北段围沟的旁边，发现了两座不规则的长方形建筑遗迹，其周围都有密

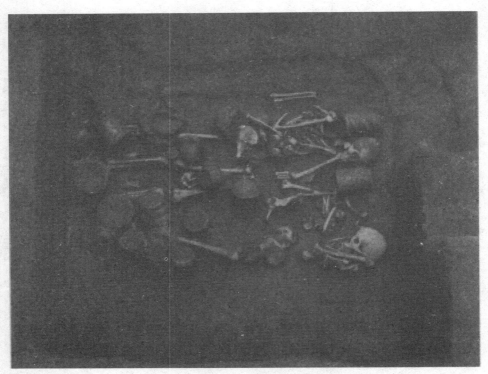

窖穴内的尸骨

集的柱洞。这种建筑的形状与房屋不同，而且没有发现灶坑和居民居住的痕迹。所以，我们推测它们很可能是当时饲养家畜用的圈栏的建筑遗迹。

（五）生产工具和生产活动

从半坡遗址的居址和墓葬中发现了大量的生产工具，这些生产工具生动地说明了半坡人用自己的智慧与辛勤的劳动在这片富饶的土地上进行农耕、狩猎、捕鱼、采集等活动。我们的祖先在劳动的过程中经过不断地探索，创造了各种各样的生产工具，推进了原始社会不断向前发展。

在半坡氏族居住区的房子、灶坑、窖穴等地挖掘出各种生产工具，其中质料工具5275件（其中包括石、骨、角、陶、蚌、牙等），陶制的半成品2638件。根据这些工具的主要用途可把它们大致分为农业生产工具、渔猎生产工具、手工业生产工具和可兼用于不同生产活动的各种工具。

1.农业生产工具和生产活动

在原始社会中农业占有非常重要的地

半坡遗址出土了许多生产工具

位。由于当时半坡地区气候温暖湿润、雨水量大、土地肥沃又依山傍水，为农业生产提供了很好的自然环境。半坡人选择这里来谋取生存和发展的空间。当时金属工具还没有出现，人们从事农业生产主要是用粗糙的磨制石器和打制石器。从遗址中挖掘出来的农业生产工具共计735件，包括开垦耕地和砍劈用的石斧313件、石锛71件、石铲13件、石锄19件、石制砍伐器59件、收割用的石刀和陶刀217件、加工粮食的石制碾磨器11件、石杵14件、穿凿木料的石凿18件。在这些工具中斧、锛、凿大部分是磨制的，铲、锄、砍伐器和刀大部分是打制的。从这些挖掘出来的工具可以判断当时的农业是处于锄农业的发展阶段，生产力水平很低。

通过农业生产工具我们可以推想当时农业的生产情况。在不宜生长森林的黄土地带，半坡人类大概采取"刀耕火种"的办法来开垦荒地、种植谷物。所谓"刀耕火种"，就是人们用石斧、砍伐器砍倒树木，割掉杂草，放火焚烧，然后把烧成的草木灰翻入地下作为肥料。原始人就是用这种办法把荒地开垦成耕地的。石斧在当

石斧等生产工具

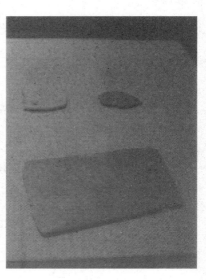

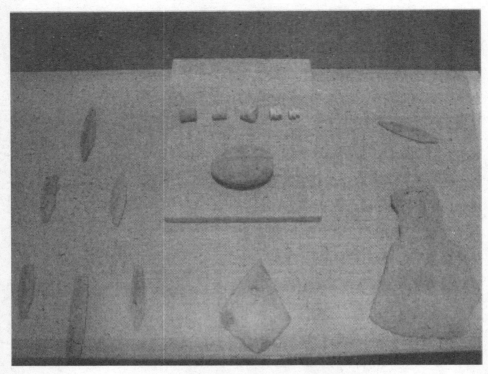

石器工具

时的生产中占有重要的作用，除了可以砍伐树木、开垦耕地外，还可以建造房屋、砍劈木材。"刀耕火种"之后，人们用石铲、石锄平地，进行翻地、松土、除草。石铲是当时最进步的翻地工具，它用于翻土或松土，形状扁薄而宽，刃部锋利，其装柄和用法和今日的锹相似。石锄头部扁尖或扁圆，锄身略窄，一般安在鹤嘴木柄上使用，既能除草，又能间苗，使用起来得心应手。当土地平整之后，人们就播种谷物。当时人们用骨铲和木制的掘土棒之类的工具点种，用石锄等工具盖上土。种子出土之后，人

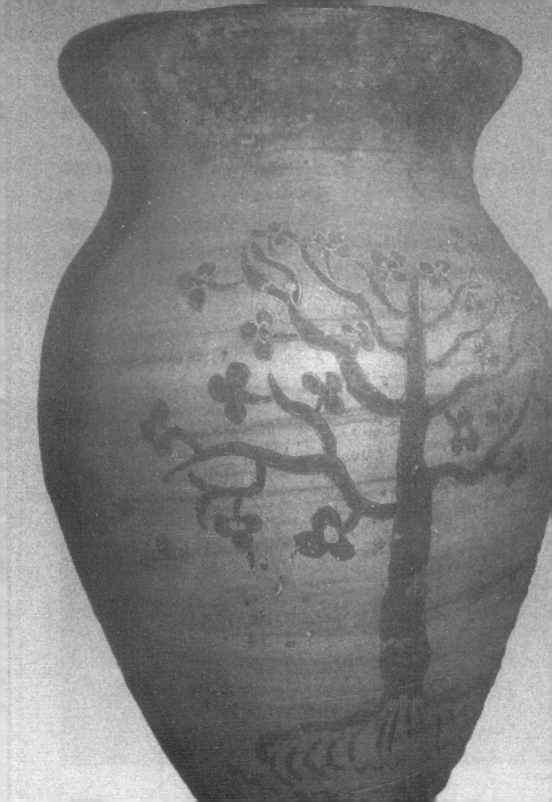

们还要做清除田间杂草等简单的田间管理，另外还要防止小动物对农作物的威胁。等到秋收季节，人们就用石刀、陶刀来收割庄稼。这种刀子在遗址中共挖掘出271把，以打制的两端有缺口的刀子最多。还有少量形状为长方形两端带有翅角式的梯形刀。到了半坡晚期收割工具出现了石镰，可以只收穗不收秸，提高了收割效率。

半坡人通过集体艰苦的劳动换来了粮食丰收。在遗址中，人们发现了粟米的痕迹。在一个小地窖里，发现储存的粟壳有数斗之多。在另一座房子中发现了小陶罐里也有粟米的皮壳。这说明当

骨器

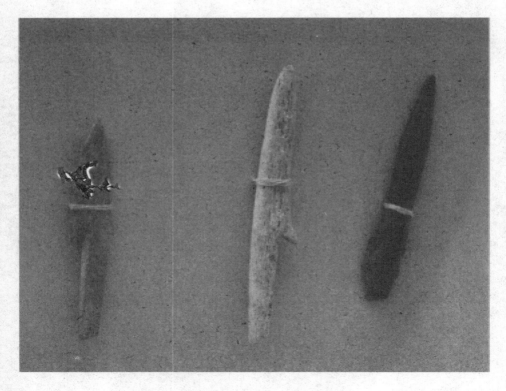

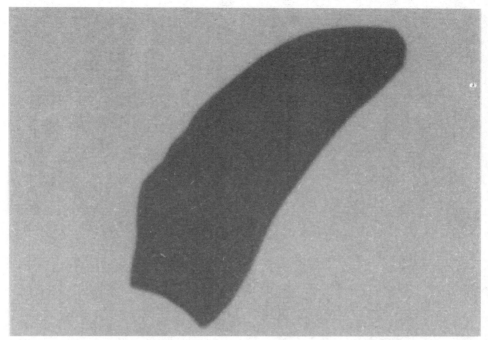

石镰

时粟的生产已经有了储存的能力，在人们的生活中占有重要的地位。我国粟米的种植历史早在半坡时代就已经开始了。自古以来，我国就有"五谷尽藏，以粟为主"的储粮备荒方法。由于粟耐干旱，成熟期短，收获量大，久藏不坏，特别适合北方黄土地带生长。所以，半坡人非常愿意种植粟这种农作物。

在半坡遗址的另一座房子旁边还发现了盛有菜子的陶罐。据考证，这些菜子可能是白菜或者芥菜之类的蔬菜子。这些菜子是半坡人种植用的，说明在半坡时期人们除了种植谷物还种植蔬菜。

灰陶罐

2. 原始渔猎工具和活动

半坡人除了发展农业、畜牧业外，打猎和捕鱼也是一个古老的生产活动，它给人类提供了肉食、皮毛、骨角和油脂等重要的生活物品，在人类的生活中占有重要的地位。当时，在白鹿原茂密的丛林和大片的草地、沼泽里，生长着成群的动物，在浐河中自由自在地游着大大小小的鱼虾。这为半坡人狩猎和捕鱼提供了良好的条件。

在半坡遗址中共发现渔猎工具 644 件，其中半坡人在狩猎时主要用的弓箭、长矛、掷球和棍棒等共计有 300 多件。弓箭是人类狩猎用的主要工具，仅箭头就发现 288 件，箭头有骨制的和石制的。其中大部分是骨箭头，均是磨制的。骨箭头的样式很多，有身长而圆形的，有圆柱形的，有扁平形的，有宽而扁形的等 13 种类型，制作得非常精巧。石制的箭头仅有 6 件，保存完好的只有 2 件。长矛在狩猎时也是经常使用的工具，遗址中共发现矛头 6 件，有石制的和角制的，器形窄长而尖利。弓箭和长矛的使用增强了人与自然做斗争的能力。另外，飞球索也是重要的狩猎工具。即人们在绳索、兽筋、藤条的两端系球，手握石球

箭簇

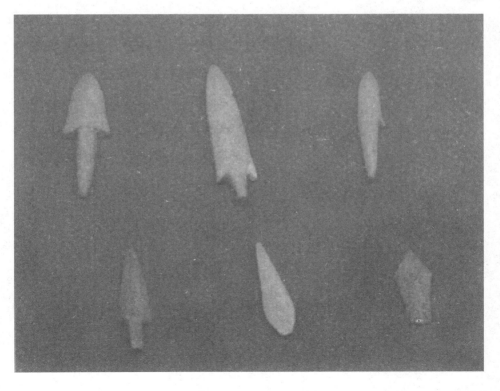

西安半坡遗址的特点

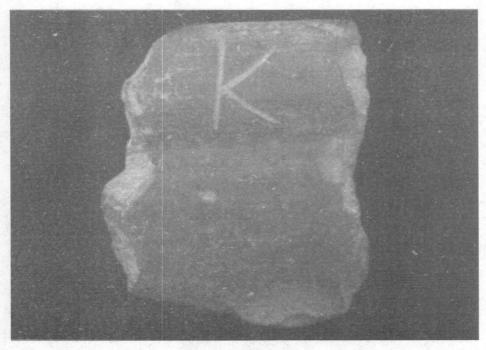

兽骨

猛力旋转并投掷野兽，将野兽缠住的方法。还有一些小的石球和陶球，可以作为弹弓的子弹射杀飞禽和小动物。另外，遗址中还发现了大批的兽骨，有獐、斑鹿、狸、竹鼠、野兔、羚羊等等，可见这些动物都是当时取猎的对象。

遗址中除狩猎工具外，还有捕鱼的工具300多件，有骨鱼钩、骨鱼叉、石网坠等等。骨鱼钩共9件。钩身有的作扁条形，有的作圆条形，部分钩尖还有倒钩，制作均很精巧。骨鱼叉共21件，质料有骨角两类，多为磨制，有单钩式和双钩式两种形式。石网坠共计320件，都是选择小块扁平的石块做成的。在半坡

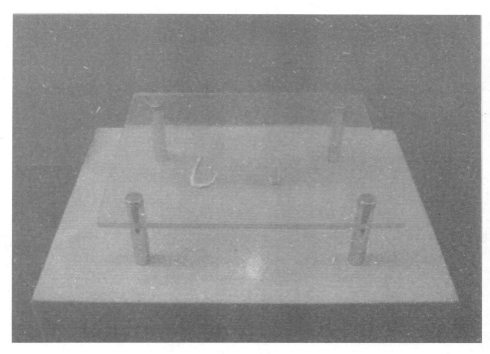

骨鱼钩

遗址的彩陶上经常会看到绘有各种形状的鱼纹和网状的鱼网纹饰。这些都充分地说明了渔业在半坡先民的生活中占有着特别重要的地位。

3. 饲养业的发展

与农业最为密切的饲养业在那时也出现了。新石器时代遗址中就发现了许多饲养牲畜的圈栏。半坡遗址出土中就有两座圈栏遗存。另外，还出土了许多猪、狗、牛、羊、鸡等动物的骨骼。这充分说明了在当时就已经有畜牧业的发展了。

随着农业的不断发展，半坡居民逐渐过

远古先人已学会了捕猎、烧烤

上了稳定的生活。人们不仅种植粮食，还通过狩猎的方式猎取动物借以来补充食物。由于生产工具逐渐发达，狩猎来的动物不仅能填饱肚子而且还有了剩余。人们把比较温顺的动物养殖起来作为食物储备，这样便产生了饲养业。饲养业的产生是人类的又一大进步。

在遗址中发现最多的是幼猪和狗的骨骼。可以推测在当时人类饲养最多的动物就是猪和狗。这两种动物的饲养目的和现代人基本上是一致的。猪的大量饲养是为了给人类储备粮食，因为猪很容易饲养而且繁殖能力强，所以大多数人都

仰韶文化彩陶

西安半坡遗址的特点

饲养猪。也许是由于幼猪小易熟或者由于当时的饲养经验不足，导致猪还没有长大就死掉了，最终被人作为食物。而狗的大量饲养是因为狗嗅觉灵敏，机敏机智并很通人性，狗可以和主人一起外出狩猎，还可以看护家园，是人类忠实的朋友。

自从有了饲养业，人类可以补充更多的食物，自己控制食物补给的能力也增强了。大量饲养家畜需要更多的粮食，在一定程度上又促进了农业的发展。当畜牧业发展到一定的程度，物品就有了剩余，交换也成为了可能，这样无形中促进了各部落之间经济文化的交流。饲养

骨哨

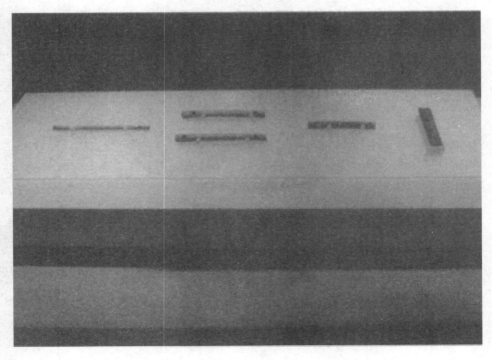

业的出现和发展无疑是社会的一大进步。

凡是从事农业生产的氏族部落，都饲养有以猪为主的家畜

4. 采集活动

采集经济在氏族公社活动中居于次要地位，但是也是半坡人取得生活资料不可缺少的一种方式。从居住区的遗址中，在房子里、地窖中发现了大量的如榛子、朴树子、栗子等果实皮壳的遗迹。当时人们使用的工具可能是木棒、铲子、小刀等。

由此我们可以看出，半坡氏族社会为了获得食物，他们采取了以农业生产为主，与打猎、捕鱼、饲养家畜、采集等生产活动共同发展的

社会经济形态。

5. 生活用具和生活情况

随着社会的进步，生产力水平不断提高，人们开始过着稳定的定居生活。人们对日常生活的需求也随之增多了，饮食习惯也发生了巨大的变化——从直接吃生食物过渡到吃熟食。这是人类文明的表现，使社会又向前迈进了一大步。为了满足人类对日常生活的需要，于是半坡人制作了很多生活用具。其中最重要的就是陶罐的制作。

半坡人在长期与泥土打交道的过程中，发现泥土不仅是盖房子的最佳材料，而且还发现泥土和水融合在一起捏成形，再用火烧，可以变成坚硬而不透水的容器、炊具和食具，这一重大发现使人类发明了陶器。陶器的发明是人类借助火使一种物质变成了另一种物质，这是利用自然、改造自然的一项重要成就，也是新石器时代的主要特征之一。它的出现为人类提供了大量的烹煮器皿，丰富了人们的生活，改变了人类的饮食习惯，对提高人类的身体素质和思维能力起到了关键性的作用。在半坡遗址中所收集的陶片在 50 万片以上，

陶罐

西安半坡遗址的特点

占全部出土物文物的 80％，完整和能够复原的器皿将近 1000 件。足以得见当时陶罐在氏族人的日常生活中是经常使用的生活用具。

考古人员在遗址中还发现了由六座陶窑制作的陶区。这六座陶窑分为横穴窑和竖穴窑两种形式。比较常用的是横穴窑：它烧火的火膛是一个长而斜的筒状，长约 2 米。火膛上端是窑室，下端是火口，火膛与窑室之间有三道粗火道，窑室底部为圆形，直径 8 厘米。在周围有 10 个长方形的小眼，火从火道经过火眼进入窑室。另一种是竖穴窑，它的特点是火膛在窑室的垂直下方，这样就可以随时调节窑内温

精心制作陶器

陶盆

度，使窑内均匀受热。火膛像圆形袋状窑穴，上端小底部大，火膛旁边有一个很窄的火口，这种窑结构上比前者先进。这些窑都不是很大，每次每个窑只能烧制几件到几十件陶器。可见当时的生产力水平还是很低的，但是窑的构造已经很进步了。半坡氏族从无窑到有窑，从横穴窑到竖穴窑是制陶技术不断发展的结果，无疑是原始社会又一次文明进步的表现。

看着古老的陶窑，我们仿佛看到先民们在穴窑中制陶的情景：制陶者先将选择好的泥料、掺和料按一定的比例配好后，再掺匀、捣熟，然后作成陶坯。陶坯晾干后，用陶拍、陶抹等

陶器

工具抵压、抹拭陶坯，这是制坯过程的一道关键的程序。经过这一过程可以塑造器皿的形体，排除多余的水分，弥合细小的裂纹，使器壁更为坚实、细密。人们为了使器皿更加美观，还在器皿上加以装饰和修整，再施以彩绘和各种纹理，使器皿看起来更加美观大方。人们将做好的陶坯放在窑室的平台上进行烧制，再用草泥土封起来，留着出烟的孔，然后把柴草从火口加进火膛，点火燃烧。这样，火焰就由火膛通过火道、火眼达到窑室，烧烤陶坯。经过一定的时间，陶器就烧成了。

半坡氏族公社陶器的式样繁多、品种丰富。我们现在生活中所用的一些器皿，在当时都已经出现了。这些器皿从材质上可以分为细泥陶、粗砂陶、细沙陶三种；从颜色上可分为红、黑、灰；从它们的形状、造型特点和生活实际需要可分为饮食用器、水器、炊器和储藏器等不同类别，如：碗、钵、盘、皿、壶、瓶、罐、瓮等四五十种不同的样子。

此外，半坡氏族的手工业也相当发达。当时，手工业除了制作生产工具外，还制作各种生活用品。在遗迹中共发现1133件。包括石、陶制的纺轮52件，骨针281件，石、陶、骨、角制的锥子 715 件，骨凿 77 件，石制尖状器 2 件，石制研磨器 6 件。这些工具表明，当时人们已经能够从事制作毛皮、编结席篮和渔网、纺线织布以及缝制衣服等工作了。

半坡人用自己的聪明才智，勤于思考，大胆创新，创造了形态各异的陶器并且一直沿用到今天，这不得不说是半坡氏族社会的一个奇迹。

6. 精神文化艺术

半坡氏族时期，由于社会经济的不断向前发展，人们的精神文化生活也变得异常丰

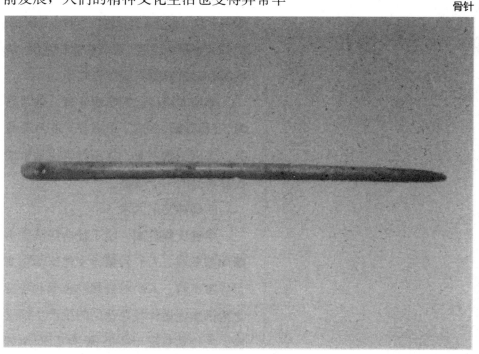

骨针

灰陶

富。人们对自然的忠爱和憧憬之情活生生地体现在他们的生产生活之中。无论是葬俗与祭祀、彩陶艺术、原始雕塑、服饰装饰，还是特殊符号和音乐的出现都生动反映了半坡人热爱生活、追求美好生活的强烈愿望。半坡人凭借自己的智慧和艺术才能给我们留下了优秀的文化遗产。

1. 埋葬制度和葬俗

通过半坡遗址我们已经了解了半坡氏族的生产生活情况，当然我们也可以通过这些葬墓来了解半坡氏族的埋葬制度和葬俗。

半坡氏族葬墓共发现 250 座，分为成人墓和儿童墓两种形式。成人墓和儿童墓分开埋葬。在

半坡氏族葬墓

这些墓葬中，成年人的墓有174座，大多数都埋葬在大沟外北部的氏族公共墓地，面积约6000平方米。儿童墓共76座，大部分埋在居住区内。

在原始社会，人们对生与死有着自己的信仰。他们相信人死后灵魂不死，会在另一个世界继续生存下去；死者的灵魂能够对生者起作用。在这种信念的作用下，人们对死者既尊敬又恐畏，现实中的人们对死者唯一能做的事情就是很好地安置死者灵魂曾经寄居过的尸体，他们对死者实行埋葬和祭祀活动，希望死者的灵魂能够得到安息，还能够

西安半坡遗址的特点

在冥冥之中对他们加以庇护。这样，人们暂时找到了一条协调人与自然间关系的途径，产生了葬俗。

成人墓埋葬的样式较多：最普遍的是仰身直肢葬，还有俯身葬，二人以上合葬、二次葬、割体葬和屈肢葬等形式。无论哪一种葬俗，死者的头基本上都是向着西方或者西北方的，这种有秩序的安排不是一种偶然现象，是和当时人们思想中的信念有关。有关考古资料记载："现在的后进部族在埋葬死人方向的问题上，基本上有三种不同的信仰：一种认为人死后，灵魂要回到氏族原

半坡遗址一景

来的（传说中的）老家去，因此，头就朝着老家的那一方向。例如苏丹东尼尔兰人、新几内亚土人等。第二种信仰认为世界上有一个特殊的域界，人死后，就到那里去生活，因此，埋葬死者时头就朝着另一个世界所在的方向，这一信仰，相当广泛地流行于亚洲南部、西部以及北部等地的各民族之间，而且大部分人相信这个世界是在西方，例如印度尼西亚、马来半岛的一些土人。第三种信仰，人从生到死比如太阳东升西落一样，人死后就随着太阳落下。因此，在埋葬时，背朝东，面向西，如我国的佤族埋葬死者头也向西，他们认为日落西方，

岩石上的人面像

死者的头向必须朝西，否则家人不吉利。"这些材料给我们很大的启发，具有参考价值，使我们不约而同地联想到，半坡氏族人在埋葬死者时应该也是有着此类的信仰吧。

半坡人在埋葬死者时最普遍的方式是仰身直肢葬，和我们一般的埋葬方法基本相同，即面朝上、直腿。这种姿势很像正常人在睡觉的样子，这表示人死后会到另外一个世界继续生活。埋葬时还会给死者随葬一些日常生活所需的各种用具和装饰品，甚至还有食物，以此来寄托对死者的哀思和祝愿。

俯身葬和前者相反，是面向地下作爬伏状，

都是单人葬。这种埋葬方式也是相当广泛的，在我国从石器时代一直到殷周都有发现，在美洲、中亚、印度和日本的北海道都有，但是各地的寓意不完全相同。有的是因病而死，有的是不同寻常的死亡等等，使得这种特别的埋葬习俗变得更加神秘和复杂。

在半坡遗址的葬墓大多数都是单人葬，其中只有两座合葬墓例外。一座为2位男性的合葬墓，死者40岁左右；另一座为4位女性的合葬墓，死者大约15岁左右。墓坑的界限不是很清晰，唯有4位女性的合葬墓有三边可以找到凹槽，以此可以推知当时的墓坑是挖一个

埋葬死者时还会随葬一些日常生活用品和装饰品

西安半坡遗址

凹槽，能容下尸体和随葬品即可。

　　另外，为什么没有男女合葬的葬墓呢？这是母系氏族社会特点的具体反映。在当时由于半坡人实行走访婚和对偶婚，本氏族内严禁通婚，男女双方的配偶是不固定的，仅有简单的婚姻关系而无经济关系，母亲承担抚养孩子的重任，所以很多人都"只知其母，不知其父"。在这种状态下，父与子、妻与夫不属于同一个氏族是不能葬在一起的。人的生产消费以及死后埋葬都是在各自的氏族中进行，只有同性别的兄弟或姐妹能够合葬在一起，而不能和异性

人面鱼纹图

合葬。

      在仰韶文化的墓地中二次葬的墓地是比较多的，在半坡遗址中也发现一些二次葬的墓地。二次葬是人死后将尸体放在特定的地方，等尸体腐烂之后，将骨骼收集起来，另行埋葬，再举行第二次葬礼，在举行葬礼的时候可能还举行各种仪式。可见，二次葬在当时是受到重视的一种葬俗。这种埋葬制度和半坡人的信仰是很有关系的，他们认为："人的血肉是属于人世间的，必须等到血肉腐朽之后才能作最后正式的埋葬，这时候人才能进入鬼魂世界。"至今，在我国的东北、台湾、广东、福建等地还有许多部族实行着这种葬俗。

割体葬是值得注意的一种埋葬方式。在发掘出来的墓葬之中，有的尸骨腿骨不全；有的尸骨没有手指，但在随葬的钵内或填土中发现零星的指骨；有的将腿骨砍断，再与大腿放在一起埋葬等等。这种指骨丢失的情况可能是偶然现象，但是有些墓并没有被破坏，而指骨却被放在陶钵中，这说明割体葬是当时的一种埋葬习俗，有着特殊的意义。在远古时期，人们把鲜血视为非常神圣的事物，认为血把人同神以及人同人联系起来。断指时必然要留出鲜血，用自我惩罚的行为

岩石上的人面像

西安半坡遗址的特点

带有花纹的陶罐

来表示自己的虔诚之心。至于其他部位有肢体残缺的现象，林惠祥在《民俗学》中这样解释："有些蛮族由于辟邪或惧怕死人，尸体移去时常用此方法使鬼魂不能回头来，有时把尸体绑合，有时甚至将他肢解，有时令其足部向前。"通过这些事例我们似乎能理解半坡人割体葬的寓意。

半坡的屈肢葬只发现4座，死者身体侧卧，四肢呈弯曲状，似乎被捆绑起来。这种埋葬形式在不同民族、不同地区和时代有着不同的含义。我们可以通过有关史论记载资料对半坡的屈肢葬进行深刻地理解："原始部落认为，人死后埋在地母腹内应当和生前在生母腹内一样躺着；有的

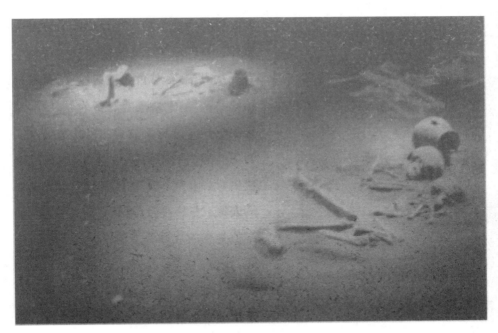

是为了防止死者灵魂危害生者而加以捆结；甘肃永靖秦魏家，武威皇娘娘台墓地，女性墓葬者多为屈肢葬，同墓的男性为仰身直肢葬，以此象征女子对男性的依附和屈从。云南怒族，到近现代仍对妇女实行屈肢葬，亦是男尊女卑的表现。春秋秦人，殉奴多为屈肢葬。云南独龙族的屈肢葬是为了让死者环火而眠。西藏门巴族，取蹲式将尸体安放于屋内双手交叉于胸前，如胎儿状，祈求死者手脚捆绑入葬，并在上面盖上大石板，是为了防止死者灵魂外出作祟。"

由于我们的先民们认为人死之后，就会

屈肢葬

到另外一个世界去生活。因此，在半坡遗址成人墓葬中附有很多随葬品，以满足死者日常生活的需要。在发掘出的墓葬中，有随葬品的墓葬共71座，出土随葬品308件。其类别有工具、用具和装饰品。其中以陶制的容器为最多，共277件。装饰品次之，工具极少。随葬的陶器1个至10个数目多少不一，5—6个的比较常见，7个以上的比较少。合葬墓随葬的陶器比较多，四人合葬墓有38件，二人合葬墓有8件。器皿在放置上，数目少的就平放，数目多的就叠放，也有小的器皿放在大的器皿里面。器皿的罐口都是向上或斜置的，其中小口尖底瓶是随葬品中最为常见的，大多数情况下它是和其他器皿摆放在一起的，也有的埋在墓室的填土中或者墓室左下角的坑中；其他器皿多是靠近人体放置。另外，随葬品有作炊器和储藏器用的粗陶罐，作水器用的尖底瓶和各种壶类，还有盖东西和盛饭的钵等，它们的组合也是有一定规律的。除陶器外，随葬的装饰品也很多，装饰品都放在佩戴的部位，如耳下、腰间或头上。由此看出，氏族人对死者非常尊重，他们把对生的希望与死的安慰一起埋葬在墓地之中，以此来祭奠死去的灵魂。

半坡人对儿童的葬法和成年人不同。半坡遗址中共发现儿童墓葬73座，除个别外，绝大部分埋葬在屋旁。半坡人将夭亡的儿童葬在夹砂陶罐或瓮内，上面盖一个陶钵或陶盆，较大的儿童用两个大瓮对扣起来，无随葬品，这些儿童，有的单独埋葬，有的成群埋葬，这使我们联想到，集体的氏族公社生活是对儿童所采取的集体教养和管理。因此，死后也可以埋葬在一起。半坡埋葬儿童的习俗可能是受"来世观念"与情感的双重支配。"来世观念"是指儿童还未长大成人，期望他能再度降生来到这个世界上。另一方面，也许由于儿童太小，

小口尖底瓶在陪葬品中很常见

瓮棺

没有成人，把儿童埋在房屋旁边可以得到家人的照顾。因而，半坡人把死去的儿童埋葬在居住区内。在瓮棺盖的底部有一个有意雕凿的小孔，是儿童灵魂出入的孔窍，儿童的灵魂可以通过这个小孔时常出来与亲人团聚。

在73个儿童墓葬中，大多数都没有随葬品，也许是因为儿童太小不会使用这些工具。但其中有一例是半坡儿童葬的特例。这是发现的唯一一座夭折儿童做成人葬式并享受木棺葬具，这明显高于成人的土坑葬和一般儿童死后的瓮棺葬。墓主是个三四岁的小女孩，骨架长约0.82米，仰卧直肢，头向西，脸向

儿童瓮棺

右倾斜，全身骨骼亦略微向右斜，保存完整。墓中的随葬品异常丰富，种类很多，有陶器、石珠、石球、耳坠等物品，共计79件；在钵内还有粟粒遗迹。在下颚骨的下方，有一块青白色的玉耳坠，上面有个小孔。有69颗石珠围绕腰部，在腰部的填土中有12颗，在盆骨及手指骨上面有31颗，右盆骨下及尾椎骨右下部有5颗，在骨架的下面有21颗。在下腿骨的左侧，发现3个石球，可能是儿童的玩具。这个半坡女孩葬是极其特殊的，我们推想这个女孩可能是氏族首领的女儿或者是这个氏族的接班人，不幸夭折了，人们万分惋惜，所以给予厚葬。

2. 彩陶艺术

当我们在遗址中发现这些绚丽多彩的陶器时，便置身于一个古朴、生动的彩陶世界里。我们的先民把对自然万物的理解，对社会生活的认知和体验，对未来生活的向往与追求，用绘画的形式活生生地刻画在陶器上，融入到自己的生活之中，这是何等伟大和美好的事情。正是我们的祖先对生活的无限热爱和他们的勤劳与智慧，我们今天才能看到这么古老而优秀的作品。6000年过去了，这些古老的彩陶在世人面前仍然放射着璀璨的

鱼纹彩陶盆

光辉。

　　彩陶艺术是造型美和装饰美的统一体，是实用性和观赏性完美的结合，我们的先民们在有意无意中遵循这一原则制造了无数精美绝伦的彩陶。这些彩陶样式繁多，种类丰富。从彩绘纹饰的颜色来说，以红地黑花为主，但也有其他的，如白地黑花或黑红两色花、红地白花、青灰色地红花。从纹饰的类别讲，以几何形图案花纹为主，而独具特色的是动植物形象花纹，这些纹饰构成半坡原始氏族公社彩陶纹饰的独特风格。这些纹饰大致可归纳为三大类：一类为几何图案的花纹，多为平行线、弧线、三角形、正方形、长方形、椭圆形、圆点等图案。这些图案笔画清晰、结构缜密，具有强烈的装饰性。另一类为写实性的图案花纹，如鱼形、鹿形和一些鸟兽的形象，其中以鱼形的花纹为最多，植物的花纹比较少，但别具一格。除此之外还有人面纹，并且同其他的花纹组合起来，既有一定的规律，又富有变化。第三类为抽象图案，多为一些象征性的写意图案，造型奇特、寓意深奥，具有象征意味和神秘色彩，表达了人们的某种审美取向。

彩陶盆

西安半坡遗址

　　半坡人对鱼似乎情有独钟，很多彩陶上都画有鱼的图案。在原始社会中，人和鱼有着很深的渊源。人们不仅以鱼为食，而且还喜爱鱼、信奉鱼，希望能像鱼一样多子多产，繁衍不息。至今还有很多我们熟悉的带有鱼类图案花纹的陶罐，可谓是我们现在彩陶中的珍品，如：人面鱼纹、网纹盆、鱼纹罐、鱼纹盆、双鱼纹等。

　　单体鱼纹彩陶盆：此彩陶盆是半坡最具有代表性的纹饰。高 15 厘米，口径 25.5 厘米，腰径 25 厘米。造型规整、圆底、折肩，盆口由黑彩带缠绕，盆上的纹饰是已趋于

单体鱼纹彩陶盆

图案化的鱼的形态，顺时针共画了三条正在游动的小鱼。制作者描绘了小鱼正侧面的形象：张大的嘴巴、翘翘的鼻尖、大大的眼睛，形象逼真可爱。另外，制作者把鱼的腮、身、鳍、尾各个部位用图案化的线条把鱼生动地再现出来，表现了一种单纯、古朴之美。

几何鱼纹盆：此彩陶盆高 16 厘米，口径 37.3 厘米，腹径 37 厘米。盆身上的鱼形经过提炼已变化成带状几何图案，在带状的几何图案中间又由不同色彩的三角形巧妙地组合在一起，抽象概括地表现出两条鱼头对头、嘴对嘴的生动形象，把图案画的鱼描绘得淋漓尽致。

人面网纹盆：此彩陶盆高 17 厘米，口径 45 厘米。彩陶盆中绘制者巧妙地将鱼网和人面有机地结合在一起，造型简单，构思新颖，寓意深刻。恢恢大网，疏而不漏，体现了鱼网这一生产工具在人们生产生活中的重要作用。人的形象刻画得简单而有趣，圆圆的小脑袋上好像带着一顶打鱼的帽子，眯成一条线的小眼睛好像放射着智慧的光芒，嘴巴大张好像在哈哈大笑，表现出捕鱼丰收的喜悦心情。我们的祖先用简约的线条把对幸福生活的向往和期盼活灵活现地表现出来了。

人面网纹盆

人面鱼纹盆：此彩陶盆高 17 厘米，口径 45 厘米。此彩陶盆的形象绘制与人面网纹盆有点相似，绘制的是鱼和人的图案。这件彩陶作品是半坡彩陶中的精品。它反映了原始社会鱼和人之间的关系，而这种关系没有留下文字的记载，只有看先民们留下的简约图画中寻找答案。有关人面鱼纹的含义，是国内外一直争论不休的话题。

有人认为这是个小婴儿的出生图，因为原始社会儿童夭折的现象非常普遍，所以人们希望人类能像鱼一样繁衍不息；也

人面鱼纹盆

有人认为这是太阳神崇拜或是月亮神崇拜；还有更多的人则认为这是原始人把鱼作为自己的祖先，人面鱼纹是氏族图腾崇拜的符号。不论哪一种说法都反映了人们热爱鱼、崇拜鱼，反映了人们对生命延续和对美好富足生活的向往和追求。

3. 原始雕塑

在半坡遗址中，发现了一些雕塑艺术品，这些艺术品看起来简单、质朴、天真、稚拙，是实用与审美的有机结合。

原始雕塑的产生最初是来源于它的实用性。我们的原始祖先在制作陶器时，器皿上

陶器被塑成鸟兽的形状，这就是原始雕塑

的盖子要有一个泥疙瘩作为把手。在制作过程中，制作者有时就会把它捏制成各种有趣的形象，既实用又美观，原始雕塑就这样产生了。

半坡雕塑的形象简单生动，有鸟形雕塑、兽形雕塑和人头塑像。

鸟兽形雕塑多作为器物上的附饰，如把手、盖钮和肩上的凸饰，形象有相当逼真的，也有象征性的。遗址中发现的鸟形雕塑共5件，其中3件作鸟首状，都是器盖上的钮。高约7厘米，头长6厘米，头、颈俱全，颇像鸽子。另外两件为鸟类的尾部，均做翘状；兽形的雕塑出土的只有一件，是器盖上的把手。身长6厘米，高4厘米，细陶制，红色，尚保存完整；出土的人头雕像也仅发现一件，是用泥块捏塑而成。据分析，这个人头塑像可能是插在某种东西上的附饰或者是儿童的玩具。此雕像细泥陶制，灰黑色。全高4.6厘米，连两耳宽6厘米，额宽3.3厘米。塑工并不精致，人面略呈方形，头作扁平状，耳、目、口、鼻均用泥片附加黏合而成，目、耳锥刺成洞，鼻子高大，鼻脊中间压成一道凹痕，耳部穿刺两孔。

半坡人的雕塑古朴、单纯，虽然表现手

红陶兽形壶

兽形陶器

法和技术不能和现代相媲美，但是我们的先民们在生活中寻找美，把美融入生活，这是原始社会文明的象征和进步。

4. 服饰与装饰品

随着社会的文明和进步，服饰和装饰品就成为人类不可缺少的生活用品。虽然在遗址中没有发现服饰的痕迹，但是发掘出不少的陶、石纺轮；精细小巧的骨针281枚，还有在半坡陶器的外壳和底部有绳线和布的纹痕，布纹的痕迹有的粗，有的细，粗的类似于今天的麻袋布，细的像帆布。这些迹象都表明半坡人当时为了抵

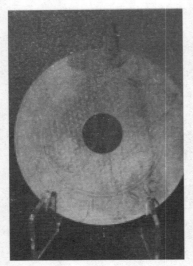

石纺轮

御寒冷和保护身体，用猎获的兽皮和采用野麻一类的植物纤维缝制成衣服已经是很普遍的事情了。

和服饰紧密联系的就是装饰品了，"爱美之心，人皆有之"，半坡人也绝无例外。半坡遗址中出土的装饰品有发笄、环饰、珠饰、坠饰、管饰、悬配饰等共计1900余件。使用的材料也很广泛，有陶制、玉制、石制、骨制和介壳类制成的，做工非常精美。

在这些装饰品当中，发笄就有715件，充分说明了当时人们已经把头发挽成发髻，不再披头散发了。在各种装饰品中，最难得和宝贵的应该是用兽牙做的饰品。因为在当时人们最大的天敌就是野兽，当时人的力量是非常渺小的，需要通过集体的力量才能捕获到猛兽。一旦捕获了野兽，肉可以食用，毛皮可以制衣。作为氏族成员来讲是个天大的好事。而用兽牙做的装饰品是胜利和荣耀的见证，受到人们无限的尊重和爱戴。

5. 文字萌芽

在原始氏族社会阶段没有出现过真正的文字，但当时的人们已经在使用各种不同的简单符号。

在半坡遗址中共出土113件标本，22种

标志符号。这些符号绝大多数在居住区的文化堆积层中，多数是刻在饰有宽带纹或大的垂三角形纹饰的直口钵的外口缘部分。这些符号笔画简单，均匀流畅，形状规则，竖、横、斜、叉皆有。另外，还有一些符号刻画得较为繁琐，仅有孤立的符号12种。从符号的形状来看，同后来出现的甲骨文十分相像。我国的甲骨文也出现于北方中原地区，两者地域较吻合，使人把甲骨文的起源和这些特殊符号联系起来。

特殊符号的产生和社会的发展是相辅

陶器局部

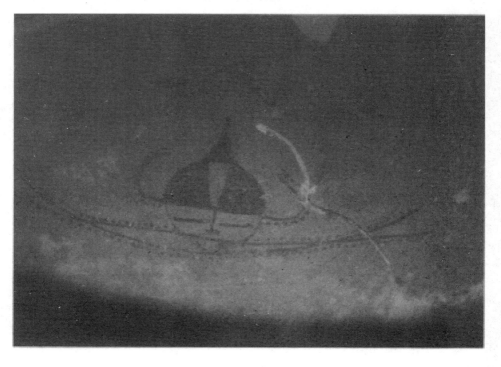

西安半坡遗址的特点

相成的，同人们的生产、生活、分配、消费及交换有着密切关系。由于社会生产力的发展，人们的物质生活不断丰富起来，并出现了私有物品。据推测，这些符号可能是代表器物的所有者或器物制造者的专门记号，这个所有者可能是某个氏族、家庭或个人。这些记号就是简化的图画文字，代表一定的意义。经过一段时间的使用，大家就会熟悉这些符号的特殊含义，慢慢接受、运用并广为流传。

这些特殊符号绝大部分是刻在饰有宽带纹的钵的口缘上。因为当时钵是日常生活和

原始特殊符号与甲骨文相似

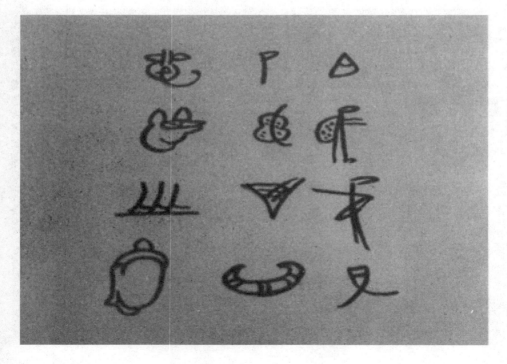

特殊符号绝大部分是刻在饰有宽带纹的钵口缘上

埋葬中大量使用的一种器物，口缘这个部位又比较醒目。特殊符号有的是陶器未烧以前就刻好的，有的则是在陶器烧制后或者使用过一段时间后所刻划的。这些符号不仅仅出现在半坡遗址中，在其他一些仰韶文化遗址中也有发现，其风格与作法和半坡是完全相同的。说明这些符号的应用范围很广泛，并且代表一定的意义，是人们对某种事物在意识形态上的特殊反映。当时虽然没有文字产生，但我们可以推测这些特殊符号与我们的文字有着密切关系。据有关资料记载：甲骨文确实源于刻

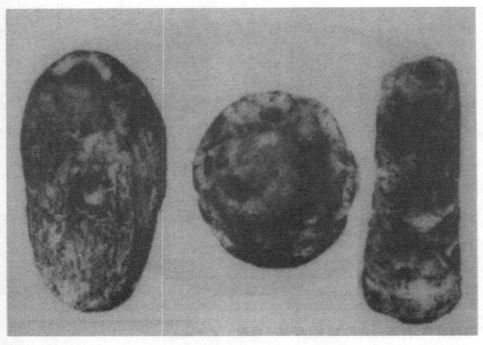

陶埙

画符号。我们可以推测出这些特殊符号很可能是甲骨文的雏形。

6. 半坡陶埙

在半坡遗址中我们还发现了两个陶口哨。这两个陶口哨保存完整，形状大小也相同。它们全用细泥捏作而成，表面光滑但不平整，呈灰黑色，形如橄榄，两端尖而长，中径略作圆形，上下贯穿一孔。全长5.8厘米，中径2.8厘米，孔径0.5厘米，吹起来发出吱吱声。

虽然在遗址中发现有关乐器方面的遗址很少，但是通过这两个陶埙可以看出当时已

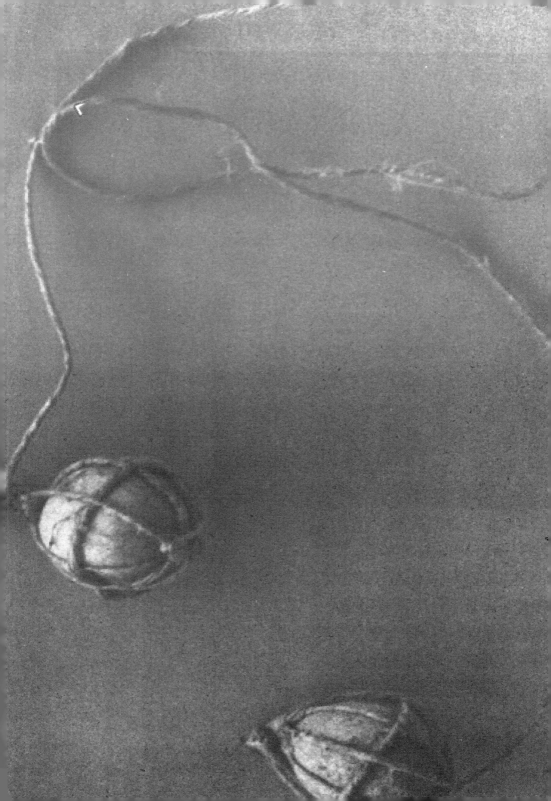

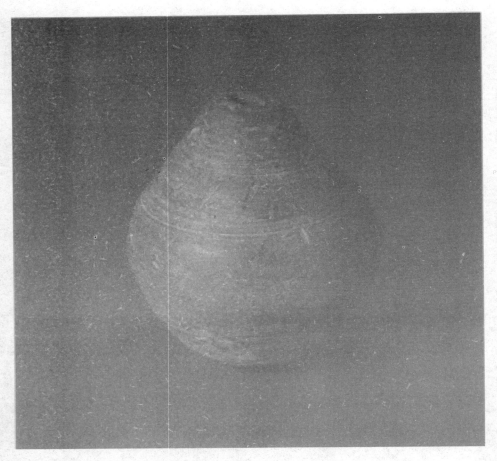

陶埙

经有音乐和舞蹈产生了。我们可以想象：在半坡氏族村中，当氏族举行大型集会、庆典祭祀、农业丰收、打猎满载而归、婴儿出生时，人们为表达喜悦之情，吹着陶埙等乐器载歌载舞，这是一件多么让人兴奋和快活的事情。

四、西安半坡人对自然科学的运用和理解

红陶球

半坡人在长期的生产生活实践当中，不断地探索、积累经验。在同自然做斗争的同时，又能自觉地将自然科学知识巧妙地运用到生产生活之中，既提高了技能，也增长了聪明才智。半坡人对自然科学的运用是原始氏族社会的一大进步，是文明的具体表现，为科学技术的发展奠定了坚实的基础。

（一）数学知识的运用

半坡人最初对数字的概念是从人的需要中产生的。随着生产力的发展，物品有了剩余，为了计算物品的个数，半坡人用结绳、刻木、摆竹片、堆石子等方法来表示物品的数量，这样数的概念就慢慢萌芽了。

在制造工具时，人们慢慢琢磨出必须将某些工具做成某种固定的形状，这样才能提高工作效率。如：石刀刃必须要平、要锋利；箭头、矛头要尖；箭杆、长矛杆要直、长；陶球、纺轮要圆；镰刀要弯等等，这些现象就是数学中有关直线、曲线、圆以及点、线、面等概念的巧妙运用。

在日常生活当中，半坡人使用最多的就是陶器。人们在制作陶器时也自觉地运用数学知识。在长期的探索中，人们发现在各种

鱼纹图

周长相等的多边形中，圆的面积最大，耗费同等的材料制成的器皿中，圆的面积最大，能容纳的物品最多。而且，圆形的物品便于人们模仿，也容易制作。彩陶上的装饰图案有很多都是用几何形体来装饰的，折线、平行线、三角形、菱形、长方形、轴对称图形和中心对称图形最为常见。其中三角形使用率是最高的，在很多鱼纹图案中就有很多是由三角形构成的。有的鱼纹图中有等腰三角形、等边三角形、直角三角形和任意三角形构成，中间有时还穿插一些平行线或斜线，样式新颖别致、简洁大方。

半坡人对数的掌握还体现在房屋的建筑上。半坡人的房屋有圆形的房屋和长方形的房屋。

观察这些圆形的房屋，不难发现，这些房屋都呈规整的圆形，反映出半坡人可能已经掌握了用圆心半径来画圆的方法。在长方形的住宅遗址中可以看到房屋内有12个柱洞，平行分三排，每排四个柱子，很显然柱栋分布的非常均匀，可看出先民们应该经过了严格的丈量，充分表现出平行、对称的现象。在房屋的制造上，我们的先民们自觉地将直线、直角、平行、对称等数学概念很好地运用到实践当中，这是非常了不起的壮举。

另外，在出土的各种陶钵、陶片和各种装饰品中都能看到原始人对数学知识的运用。在遗址中发现了不少陶环，有的内圈为圆形，外圈为五角形、六角形或者九角形；有的陶环外缘带齿，齿数多达30个，这些齿数间距是均等的，反映出人们对多角形和数的认识。

在遗址中还发现了刻画在陶钵和陶片上的一些特殊符号，这些符号有一些就是代表数字的刻划符号。由此可见，早在半坡时期，数学知识就已经在生产生活中被灵活运用了，虽然我们的先民们不懂得这个事实背后的本质原因，但不得不承认数

陶环

西安半坡人对自然科学的运用和理解

学在这个时期已经萌芽了。

（二）化学知识的运用

早在远古时期，半坡人就已经懂得了鞣皮方法、纤维脱胶方法和酿酒方法。在这些劳动中就有对化学知识的灵活运用过程。

石刮削器

在半坡遗址中我们发现了很多陶锉、陶刮削器、石刮削器，这些工具与我国一些少数民族所使用的熟皮工具极其相像。这些工具可能是我们原始人鞣皮制革的工具。看着这些工具我们可以想象半坡人鞣皮制革的情景：人们先把野兽的兽皮用石片、石刀或者陶刮器把兽皮剥取下来、阴干，然后再通过锤打、喷水等工序使其发酵，存放一两天后，用木刀或石刀将兽皮上的肉刮掉，形成生皮子，再经过烟熏烤形成熟皮子。现在有些地方还保留着这种原始的鞣皮方法。

在遗址中还发现在出土的陶片和陶钵的底部，有很多布纹痕迹。说明人们在制陶时利用麻布垫在陶器的底部，这说明在半坡时期麻布已经不是很珍贵的物品了，人们身穿麻布的衣服也许是非常普遍的现象。当时在半坡村落附近生长着许多荨麻，这种植物纤维柔韧、细长、质地轻、耐腐蚀、散热性好，是织布做衣的好材料。半坡人首先要将荨麻纤维撕劈开，经过水煮提炼、发酵、自然脱胶，最后加工成纱线，再纺线织布。

早在半坡时期，酿酒技术就已经出现了。半坡地区依山傍水，我们的祖先上山采集野果来作为食物的补充，后来人们发现含糖的野果经过自然发酵，会散发出醉人的香气，于是他们开始有意识地利用发酵的野果和谷物酿酒。由于当时技术的原因，半坡人用谷物酿的酒不会得到充分发酵，只能去掉部分淀粉。人们一般会把酒液和酒糟一同吃掉。我们的祖先用自己辛勤的劳动酿出口感香甜的美酒，是一件非常伟大的事情，我国的酒文化在此已经出现了。

（三）物理学知识的运用

在半坡人的生产生活中也同样运用了很多物理学知识，如：人们利用火把水加热产生水蒸气，用这种原理做蒸煮的食物。从此，半坡人不仅能吃上烧烤的食物，还可以吃到在炊具中蒸煮的食物。蒸饭时，将盛有食物的陶甑放置在装有水的陶罐上，盖上陶罐，然后，在罐底架柴烧火，

陶甑

西安半坡人对自然科学的运用和理解

旋纹尖底瓶

陶甑是古代的一种炊具，下面有许多小孔，水蒸气就是通过这些小孔蒸熟甑里的食物。这有点像我们日常生活中用的蒸笼。在甑里蒸煮过的食物食用起来比烧烤的食物更加卫生，更具有营养，更有利于半坡人的身体健康，是人类饮食史上的一次了不起的革命。

原始人对蒸汽的认识是社会的一大进步，它使人类向文明社会又迈进了一大步。

利用物理学知识的另一个典型的例子是尖底瓶的使用。尖底瓶是半坡人最常用的一种水器。它的造型简洁大方，它有一个如花苞状的瓶口，口小并内敛，腹大呈圆弧状，腹中腰下向内收敛，尖底，形如梭状，两侧有耳，左右对称，中腹以上装饰着重叠的粗细不同的波浪纹饰，口唇部分也常饰以辐射状的条状花纹。这个水器在使用的时候非常方便而且有趣，当把水器放入水中打水的时候，瓶身接触到水面会自动倾倒，当水灌到一定程度，瓶子会自动立起。这种奇妙的现象是运用了物理学中的重心原理和倾定中心法则。这种现象和尖底瓶造型设计有着直接的关系，瓶口小，运水的时候就不会洒；中腹大无形中增大了水容量；尖底可以分散水对瓶底的压力，装上水的瓶子还可以随意插入沙土地而

尖底瓶

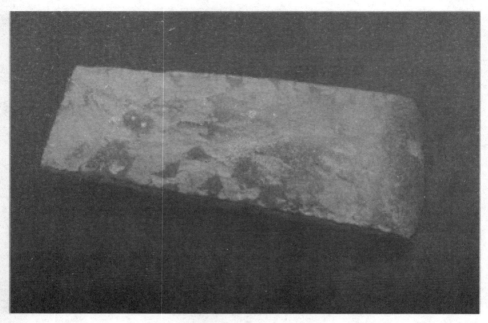

石锛

放置；瓶口和两个耳可以系上绳子以方便运输。

（四）岩石矿物学知识的运用

半坡人在生产和生活中要使用各种各样的工具，这些工具有很大一部分是用石头做成的。在长期的生产活动中，人们不断地认识和探索各类岩石的性能，才能制造更先进的工具进行生产劳动。在半坡聚落附近的浐河河床上有大量从秦岭山脉冲刷下来的大大小小的砾石，这些砾石是半坡人制造石器最好的工具。这些砾石大小不等，品种也很多，有辉长岩、花岗岩、砂岩、石英岩、玄武岩等等。半坡人经过长期的实践对这些岩石的硬度、质地、形状已有相

磨制石器

当高的认识水平。他们根据岩石的性能、大小决定把它制造成某种工具。如：人们经常用坚硬的玄武岩、石英岩、辉长岩、花岗岩等制作石斧、石锛、石凿等用力大的劈砍工具；用细砂岩制作砥石等砥磨工具。

在半坡人的生活中，陶器是他们不可缺少的生活用品。我们的祖先在生产生活中不断地摸索和创新，通过长期和泥土打交道，才对泥土的特性有了比较深刻的认识。一抔黄土，一掬清水，几经掺和和揉炼，塑造成型，再经火烧制，就制成了一件陶器。这种通过火的作用，使一种物质变成另外一种物质的过程就是在运用化学原理。陶器的发明不单单只是自然力

彩陶

量的一种巧合，更多的是半坡人集体智慧的结晶，是人类聪明才智的具体表现。

　　半坡人对天然矿物质的运用还表现在绘画颜料的制作上。半坡人制作彩色的图案，大多数都是黑彩，还有少数是红彩。黑彩是一种含铁很高的红土，红彩是赭石。半坡人在塑造好形状的陶坯上画上美丽的图案并用彩色的颜料加以装饰，再把它们放入窑中烧，经过烧制过的陶器坚硬，上面的图案可长期保存而不褪色。

　　正是由于半坡人对岩石矿物学知识的深刻理解和他们的勤劳与智慧，我们如今才能看到这么多优秀的作品。

五、西安半坡现状、机遇及挑战

西安半坡博物馆

（一）西安半坡博物馆的建立

1958 年，我国政府在考古发掘的基础上建成了中国第一座新石器时代遗址博物馆——西安半坡博物馆。该馆于 1958 年 4 月 1 日正式对外开放，迄今已接待中外游客 2000 多万人。

西安半坡博物馆面积约 4500 平方米，由文物陈列室、遗址大厅和辅助陈列三部分组成。陈列室陈列的是从遗址中发掘出来的生产工具和生活用品，可分为石器类、骨器类和陶器类。其中展出的半坡遗址发现的生产工具，如石器、鱼钩、鱼叉、纺轮、骨针等，从中我们可以了解半坡人当时的各种生产活动状况。另外，陈列室内还展出半坡人生活用品、艺术品及各种发明创造，反映了半坡人对生活和艺术的热爱。此外，除了建造陈列室外，在3000平方米的原始村落居住区还盖起了遗址大厅。它是原始村落的一部分，其中展示了半坡人的房屋建筑。从遗址中还可以看到一条长300多米，深约5米，宽约6米的大鸿沟，是为了保卫村落和防止野兽袭击的防御工事。遗址中还能看见公共墓地和储藏物品的地窖、公共仓库等等。辅助陈列主要举办一些与史前学相关的专题性展览。此博物馆先后推出过《原始社会发展史陈列》《陕西史前艺术展》《性的自然史》《恐龙古兽化石展》《贵州少数民族节日展》《当代世界原始部落风情展》《陕西民俗美术源流展》《宁夏贺兰山岩画展》等十多个展览，这些展览给中外游客充分展示了西安半坡文化，受到广泛认可和称赞。

西安半坡博物馆以积极保护遗址为前提，依据考古发掘资料，将珍贵的古代遗迹再现于世人面前。它以丰富的内容融科学性、知识性、趣味性于一体，使人们有了一种回归自然、回归历史、回归艺术的

西安半坡博物馆建于 1958 年

西安半坡博物馆坐落在西安东郊的浐河岸边

西安半坡现状、机遇及挑战

西安半坡博物馆展厅

真情实感，从而对半坡母系氏族社会有了更加深刻感性的认识。

1994 年，西安半坡遗址博物馆被列为陕西省十大爱国主义教育基地之一，1997 年 6 月被中共中央宣传部公布为全国一百个爱国主义教育示范基地之一。1997 年 6 月被西安市民评为十大旅游景点之一。

（二）西安半坡的机遇和挑战

经过 50 年的风风雨雨，今日的西安半坡已经有了长足的进步和发展。西安半坡博物馆以全新的面貌向世人开放，1997 年 6 月被西安市民评为十大旅游景点之一。今日的半坡以旅游参观的形式接待四方来客，让更多的人了解半坡，了解文物知识，让人们热爱文物、热爱历史、热爱我们伟大的祖国。

我国著名的考古学家、半坡遗址发掘主持人石兴邦先生在参观氏族村后，激动地对员工说："这么多年来，我一直梦想的事情，今天在你们手中变成了现实，……你们对人类考古事业作出了巨大的贡献。"著名秦汉考古专家、兵马俑博物馆馆长袁仲一先生也说："你们把死的东西变成了活的，为史前实验考古的研究提供了一个重要的场所……"

西安半坡博物馆内景

　　正如两位先生所说的，半坡博物馆正以一个崭新的面貌向人们述说着一个古老的故事，让人们更加了解我们的西安半坡文化。半坡博物馆为了更好地宣传半坡文化除了做文物陈列展外，博物馆还同高等院校合作，拍摄了许多电影电视专题片，从多个角度来展现半坡文化的深厚内涵。先后拍摄的作品有《历史唯物主义的见证》《为了文物的明天》《远古的梦》《半坡遗址》《艺痕》《西安半坡博物馆》等等。此外，半坡博物馆的工作人员编写了《半坡史前文物精华》《西安半坡》《半坡遗址》《陕西的远古人类和文化》《华夏史前文明》等十多种图文并茂的通俗读物。50年来，在整理大量考古资料的基础之上，半

西安半坡博物馆内的陈列室

坡博物馆在科研上取得了累累硕果。从 20 世纪 70 年代至今，专业人员已发表专题研究成果约 300 篇以上，研究内容涉及面很广，涵盖了史前文化、社会性质、婚姻形态、生态环境、农业起源、风俗习惯、遗址保护、原始艺术、刻画符号、人类体制等方面。半坡博物馆于 1983—1987 年创办了《史前研究》杂志，还编辑出版了 5 本《史前研究》论文集。在这众多的科研成果中，其中有十多项获得陕西省和文物系统社会科学学术研究优秀成果奖。所有这些成果对弘扬民族文化，激发人们的爱国主义精神起到了积极地宣传作用。

半坡出土的彩陶

新石器时期彩陶

半坡出土的彩陶

在改革开放的今天，面对更多的机遇和挑战，半坡博物馆应该以怎样的面貌展现在世人面前。首先，要抓好基础建设，保护大厅建设，要设计出高品位的陈列展览。展厅将以更加新颖的方式、丰富的内涵，将科学性、知识性、趣味性有机地融为一体，把半坡遗址更加生动地展现给观众，使半坡博物馆成为高雅的文化艺术殿堂和休闲娱乐圣地。另外，要做好遗址的保护和宣传工作，积极组织科研建设，重视人才培养等等。

有关专家和上级主管制定了半坡博物馆长远发展总体规划（即三区一点）："未来的半坡将会有充满史前文化氛围，具有史前建筑特色，而又具备现代化功能的新的遗址大厅、陈列展厅；具有史前特色而又适合现代人步行保健的路面；展区内四季常青，展览区内三季有花；具有现代化安全报警系统；与国内外联网的计算机管理系统；办公学习条件舒适，建筑面积4000平方米的办公区；人人方便，环境优雅的住宅生活区，及品位高、上档次的人文景点。"

半坡博物馆面对机遇和挑战必将以更新更好的姿态成为21世纪文化领域的先锋，展现在人们面前的必将是一个全新的半坡。